Autodisciplina

El Poder De La Energía Positiva Y El Control De Ganancia Y Lograr Sus Objetivos Hoy

(La Guía Para Principiantes)

Prisc Ojeda

Publicado Por Daniel Heath

© **Prisc Ojeda**

Todos los derechos reservados

Autodisciplina: El Poder De La Energía Positiva Y El Control De Ganancia Y Lograr Sus Objetivos Hoy (La Guía Para Principiantes)

ISBN 978-1-989808-73-3

Este documento está orientado a proporcionar información exacta y confiable con respecto al tema y asunto que trata. La publicación se vende con la idea de que el editor no esté obligado a prestar contabilidad, permitida oficialmente, u otros servicios cualificados. Si se necesita asesoramiento, legal o profesional, debería solicitar a una persona con experiencia en la profesión.

Desde una Declaración de Principios aceptada y aprobada tanto por un comité de la American Bar Association (el Colegio de Abogados de Estados Unidos) como por un comité de editores y asociaciones.

No se permite la reproducción, duplicado o transmisión de cualquier parte de este documento en cualquier medio electrónico o formato impreso. Se prohíbe de forma estricta la grabación de esta publicación así como tampoco se permite cualquier almacenamiento de este documento sin permiso escrito del editor. Todos los derechos reservados.

Se establece que la información que contiene este documento es veraz y coherente, ya que cualquier responsabilidad, en términos de falta de atención o de otro tipo, por el uso o abuso de cualquier política, proceso o dirección contenida en este documento será responsabilidad exclusiva y absoluta del lector receptor. Bajo ninguna circunstancia se hará responsable o culpable de forma legal al editor por cualquier reparación, daños o pérdida monetaria debido a la información aquí contenida, ya sea de forma directa o indirectamente.

Los respectivos autores son propietarios de todos los derechos de autor que no están en posesión del editor.

La información aquí contenida se ofrece únicamente con fines informativos y, como tal, es universal. La presentación de la información se realiza sin contrato ni ningún tipo de garantía.

Las marcas registradas utilizadas son sin ningún tipo de consentimiento y la publicación de la marca registrada es sin el permiso o respaldo del propietario de esta. Todas las marcas registradas y demás marcas incluidas en este libro son solo para fines de aclaración y son propiedad de los mismos propietarios, no están afiliadas a este documento.

TABLA DE CONTENIDO

Parte 1 1

Introducción 2

Capítulo 1 – ¿Qué Es Realmente La Autodisciplina? 6

Capítulo 2 – ¿Tienes Lo Que Se Necesita? 10

Capítulo 3 – La Voz Más Alta Que Jamás Escucharás Es La Tuya 14

Capítulo 4 – ¡Sí! Trabajan Juntos. 21

Capítulo 5 – Sé Un Maestro En Establecer Objetivos 25

Capítulo 6 – ¡Actúa Hoy! 32

Conclusión 38

Parte 2 39

¿Qué Es Lo Que Quieres Y Por Qué Lo Quieres? – ¡Y Por Qué Es Importante Que Puedas Responder Esto! 40

Si No Sigue La Guia, No Va A Ganar Nada De Leer Este Libro. 43
¿Y Eso Qué Significará Para Ti? 47
Ahora Que Estamos Convencidos Que El Establecimiento De Metas Es Importante, Vamos A Hacerlo. ¡Sí, Ahora! 49

Ruta Al Éxito 51

Ayúdate – Comportamientos Que Apoyan Tus Metas 54

Estableciendo Intenciones 54
Visualización Positiva 56
Auto-Charla Positiva 59

Construyendo Mejores Hábitos 64

Pregúntate: ¿Hay Alguna Parte De Tu Meta Que Involucre La Formación De Un Hábito? 67

Comenzando 70

Que 'Sentir Las Ganas' Es Necesario Para Instigar Un Comportamiento.. 74

Transformando La Identidad Personal Para Ayudar Al Cambio 77

Cuando La Auto-Ayuda Se Vuelve En Un Estorbo 82

Resolviendo El Conflictointerno 86

¿Y Si Le Tenemos Miedo Al Éxito? 90

Parte 1

Introducción

Quiero agradecerte y felicitarte por descargar el libro.

Este libro contiene estrategias comprobadas para ayudarte a fortalecer tu autodisciplina un poco más cada día.

Muy a menudo enfrentas situaciones y tareas que sabes que son beneficiosas e importantes, pero no tomas las acciones necesarias para llevarlas a cabo. Ves que el tiempo pasa, y logras muy poco al final. Este tipo de cosas le ocurren frecuentemente a aquellos que carecen de autodisciplina y fuerza de voluntad.

Afortunadamente, la autodisciplina puede aprenderse y desarrollarse como cualquier otra destreza. Continúa leyendo porque compartiré contigo las formas comprobadas para adquirir y perfeccionar esta destreza.

Verás como estas cualidades marcarán una gran diferencia en tu vida. Descubrirás los hábitos que te impiden seguir adelante, como la procrastinación, el miedo, la pereza, y la falta de objetivos. Estarás en camino a saber que estás teniendo más autodisciplina y fuerza de voluntad. Tener más de estas cualidades te hará destacar en la sociedad, y son necesarias para que te vaya bien en la vida.

Gracias de nuevo por descargar este libro, ¡Espero que lo disfrutes!

Este documento está orientado a proporcionar información exacta y confiable en relación con el tema y el asunto tratado. La publicación se vende con la idea de que el editor no está obligado a rendir cuentas, permisos oficiales o de otra manera, servicios calificados. Si el asesoramiento legal o profesional, es necesario, un individuo con experiencia en la profesión será enviado.

De ninguna manera es legal reproducir, duplicar o transmitir alguna parte de este documento por medios electrónicos o en formato impreso. La grabación de esta publicación está estrictamente prohibida, y no se permite el almacenamiento de este documento a menos que cuente con un permiso por escrito del editor. Todos los derechos están reservados.

La información proporcionada en este documento se declara veraz y consistente, ya que cualquier responsabilidad, en términos de falta de atención o de otro tipo, por el uso o abuso de cualquier política, proceso o dirección contenida en este documento es responsabilidad única y absoluta del lector receptor. Bajo ninguna circunstancia se tendrá responsabilidad legal o culpa alguna contra el editor por cualquier reparación, daño o pérdida monetaria debido a la información aquí contenida, ya sea directa o indirectamente.

Los autores respectivos son dueños de todos los derechos de autor que no posee el editor.

La información aquí contenida se ofrece únicamente con fines informativos, y es general como tal. La presentación de la información es sin compromiso de ningún tipo de garantía o seguro.

Las marcas comerciales que se utilizan no tienen ningún consentimiento, y la publicación de la marca comercial no tiene permiso o respaldo del propietario de la marca comercial. Todas las marcas comerciales y marcas de este libro son solo para fines de aclaración y pertenecen a los propios propietarios, que no están afiliados a este documento.

Capítulo 1 – ¿Qué es realmente la autodisciplina?

Es posible que hayas escuchado a la gente hablar sobre la importancia de tener autodisciplina; sobre cómo es necesario para el logro de cualquier objetivo digno. Sin embargo, ¿alguna vez has pensado en lo que significa la autodisciplina? ¿Alguna vez has reflexionado de qué se trata?

La autodisciplina es la capacidad de aceptar la responsabilidad y hacerte entrar en acción, independientemente de cómo te sientas al respecto. Es la capacidad de ejercer un control total sobre las emociones y comportamientos de uno mismo. Es la capacidad de controlar impulsos inútiles o dañinos. La autodisciplina es la capacidad de actuar con integridad.

Los pilares de la autodisciplina son la fuerza de voluntad, la aceptación, la persistencia y el trabajo duro. La autodisciplina se vuelve muy poderosa cuando se une con la fijación de objetivos, la pasión y la planificación, ya que te permite administrar el tiempo y organizar tus pensamientos y acciones para lograr tu objetivo. Es uno de los agentes activos que hace realidad las inspiraciones de un individuo.

La Fuerza de Voluntad como Impulso
La fuerza de voluntad es la fortaleza interna que te permite tomar decisiones y ejecutar cualquier tarea hasta que esté completa sin importar las circunstancias. Usar esta fortaleza te permite superar la resistencia externa, la dificultad y la incomodidad. Tu fuerza de voluntad no es algo que se pueda desarrollar en un día. Solo puedes desarrollarla durante un periodo, y no es algo que dependa de las emociones, los sentimientos o inclusive del optimismo. Si esto se gradúa en el hábito, es algo que puede ser usado una y otra vez. El proceso de desarrollo de la fuerza de voluntad se interrelaciona con la autodisciplina.

¿Estás destrezas son vitales y necesarias en la vida de todos?
¡Sí! Sin ellas, te sería difícil tomar

decisiones y alcanzar objetivos. Cuando las tienes, tus pensamientos, comportamientos y acciones se complementan para una vida mejor y más emocionante. Tu fuerza de voluntad habría superado las adicciones y otros malos hábitos como la procrastinación (dilación) y la falta de concentración.

Entonces, ¿por qué no desarrollarías disciplina?

Es muy importante y necesaria en tu vida personal y comercial. Aprovéchala y desarróllalahasta un punto satisfactorio.

¿Sabes que la falta de disciplina puede ser un obstáculo para lograr los objetivos?

Sin embargo, las acciones descritas anteriormente, que muestran que tienes autodisciplina conducen a la felicidad y satisfacción completas.

Hay muchos desafíos y problemas en el camino del éxito. Debes tener perseverancia y fuerza de voluntad para superar los rasgos negativos como los trastornos alimenticios y algunos hábitos perjudiciales como la pereza y la dilación.

Esto es lo que la autodisciplina puede

hacer por usted, aparte de las cualidades que mencionamos anteriormente:

- Tienes control total de tu ira, apetito, indecisióny otras respuestas naturales.
- Puedes eliminar hábitos innecesarios como apostar o chismear, comer en exceso o estar inactivo.
- Te fortalece cuando las cosas son difíciles en tu vida personal y ciertamente te rescata.
- Como un individuo disciplinado, te llevas mejor con otros al no sentirte molesto o herido fácilmente.
- Puedes controlar tu necesidad de lograr objetivos que te has fijado a ti mismo o a tu negocio. También puedes tener un control total sobre tus respuestas y necesidades.

De hecho, la lista es innumerable; hay muchas más cualidades que la autodisciplina puede brindarte. Todo lo que tienes que hacer es aprovechar los pasos estratégicos que te mostraré más adelante en este libro.

Capítulo 2 – ¿Tienes lo que se necesita?

La autodisciplina no es con lo que nacemos. La adquirimos y desarrollamos con el tiempo. De hecho, es como un "musculo". Se fortalece con el tiempo. Mientras más lo usamos, más fuerte se vuelve.

Sin embargo, para empezar con un acto de autodisciplina, necesitas considerar y superar algunos factores. Algunos de estos factores son generados por ti mismo, y otros provienen de tu ambiente externo.

¡Tener una razón porque!
Es esencial tener un fuerte deseo de lograr objetivos específicos. Sin este deseo, hay pocas esperanzas para la autodisciplina. Necesitas ser impulsado, y esto puede venir ya sea de la motivación o la inspiración. Necesitas de una o de la otra para impulsar la autodisciplina.

Esto resulta en tener suficientes razones para hacer la tarea en cuestión. Hágase algunas preguntas simples:
¿Quién soy?

¿Por qué quiero esto?
¿Qué necesito para hacer esto?
Mientras más te des razones, más estimulado te volverás en mantener viva la autodisciplina.

Tener un Compromiso firme
Ahora, hemos afrontado los motivos, pero éstos no serán suficientes. Necesitas un compromiso firme para llevar a cabo lo que sea necesario para lograr un objetivo. No es tan fácil como parece, pero el compromiso a largo plazo requiere disciplina. Esto no es algo que hacemos bien solos, por lo que debemos hacernos responsables de nuestras acciones.

Responsabilidad
Tener un compromiso a largo plazo con algo, requiere que seamos responsables de cualquier resultado de alguna manera o que alguien más nos haga responsables de ello.

Cualquiera de los dos métodos es efectivo, pero trabajar juntos le dará un mejor resultado. Por ejemplo, como padre o madre, usted puede responsabilizarse por sus acciones y también dejar que su pareja lo haga responsable.

Recompensas y Penalizaciones

Ahora que tienes un motivo para tus acciones, y también estás comprometido con el resultado deseado. Éste es un muy buen comienzo, pero tu nivel de motivación fluctuará a lo largo de este viaje. A veces, estarás muy motivado, y luego entrarás en un período de dificultad total donde te resultará difícil completar ciertas tareas y actividades.

Para poner esto en control y mantenerse disciplinado a lo largo del viaje, puede ser muy útil establecer algunas recompensas y penalizaciones que te ayuden a dirigir tu comportamiento y tus elecciones. Por ejemplo, puede recompensarse a sí mismo por tomar buenas decisiones, así como también puede penalizarse por tomar malas decisiones o caer en algún comportamiento.

Estas recompensas y penalizaciones agregarán los ingredientes esenciales al combustible que mantiene viva y activa tu autodisciplina.

Ambiente Competitivo

Tener un ambiente competitivo en vigor no significa que necesariamente estés compitiendo con otros. Puedes colocarte en la posición en la que intentas superarte o superar a los demás. Esta es una forma muy efectiva de disciplinarse para la tarea en cuestión. Otra forma de hacerlo es competir con tu mejor yo.

Puedes determinar tu progreso midiendo tus resultados pasados con tus resultados actuales. Esto te hará mantenerte enfocado y disciplinado. De hecho, podría ser el interruptor que te mantendrá en tu mejor momento para alcanzar tus metas y objetivos.

Capítulo 3 – La voz más alta que jamás escucharás es la tuya

Una de las claves principales del crecimiento personal y el éxito es el "diálogo interno". Este atributo puede ser sutil y es posible que ni siquiera nos demos cuenta del comentario que se está formando y procesando en el fondo de nuestras mentes. Este procesamiento en promedio es de entre 40,000 y 50,000 pensamientos por día. ¡Creo que hay mucha actividad allí!

En la mayoría de los casos, un individuo no es normalmente consciente de su diálogo interno. Simplemente se convierte en un hábito. Sin embargo, si deseas "reprogramar" tus sentimientos, pensamientos y creencias, puedes explorar el poder del diálogo interno positivo para cambiar tu mente.

¿Crees que tu diálogo interno es positivo la mayor parte del tiempo o negativo? Vamos a averiguarlo.

El diálogo interno positivo se compone, de las palabras que te dices a ti mismo que te hacen sentir feliz y bien contigo mismo. Estás en la punta más alta del optimismo. Esos pensamientos y palabras levantan tu espíritu y la vida parece ser un lugar mejor contigo en ella.

El diálogo interno negativo, por otro lado, es pesimista y limitante. El resultado de una conversación negativa puede ser perjudicial para la salud de uno mismo y tal impacto puede hacer que te sientas mal y pueden surgir complejos de inferioridad. Estos pensamientos negativos también pueden generarse a partir de la opinión que las personas tienen de ti.

Deja de ser tu peor enemigo

Tal vez te preguntes cómo dejar de ser tu peor enemigo. El mejor lugar para comenzar es escuchar tu propia conversación. Literalmente escucharás lo que dices o piensas de ti mismo. ¿Es negativo o positivo?

Debido a que no prestamos demasiada atención a lo que nos decimos a nosotros mismos o lo que sucede en la mente, debemos comenzar a prestar atención a nuestros pensamientos internos y escuchar nuestra conversación mientras hablamos con otras personas. Debes supervisar tu diálogo interno y escribirlos si es útil. De estos registros, puedes ver un patrón. ¿Son negativos o positivos?

Si los resultados son negativos, es hora de que cambie lo negativo a positivo. Pregúntese ¿por qué sus pensamientos son negativos? Si escuchaste a tu amigo hablar de sí mismo en la misma manera negativa en la que te hablas a ti mismo, ¿le permitirías seguir pensando de esta manera? Dudo que lo hagas. Le darías la vuelta e insistirías en que se centren en pensamientos que desarrollen su estima y confianza. Si harías esto por un amigo, haz lo mismo por ti mismo.

Es una buena noticia saber que todos tienen la capacidad de cambiar nuestro diálogo interno de negativo a positivo. Debes dejar de sabotearte no solo de la felicidad, sino también de poder lograr grandes cosas. Pon un alto a la conversación negativa y nuestro proceso de pensamiento aumentará nuestra confianza y autoestima, lo que jugará un papel muy importante en la adquisición de la autodisciplina.

La Práctica hace la perfección

Tenga un compromiso inquebrantable y tenga control sobre su diálogo interno. Descubrirá que, cuanto más practique, se volverá mejor en cambiar las conversaciones negativas por positivas. Puede ser difícil al principio, pero si comprende correctamente la importancia de la conversación interna, no tendrá ningún problema con el compromiso y se sorprenderá de lo mucho que ha logrado.

El diálogo interno efectivo proviene de "las afirmaciones". La palabra implica "hacerlo firme". Cuando afirma sus deseos a través del diálogo interno, hace declaraciones positivas de que su objetivo ya se ha logrado por ahora. Para obtener el mejor resultado, una afirmación debe repetirse regularmente con emoción sincera para lograr una mente subconsciente exitosa.

Aquí hay algunos consejos útiles para comenzar a implementar hoy un diálogo interno efectivo:

- Asegúrese de que sus afirmaciones de diálogo interno se hagan en presente positivo. Deseas disfrutar tu objetivo actualmente y no en el futuro. Por ejemplo, si se había fijado una meta para perder peso, no diga "Muy pronto, perderé 10 libras. Quiero verme mejor y sentirme genial". En cambio, diga: "Estoy perdiendo 10 libras. ¡Me veo mejor y me siento genial!"
- El diálogo interno efectivo también debe ser específico, como se explicó anteriormente. Dile a tu mente lo que necesita escuchar. Y asegúrese de ser sincero con sus palabras y emociones cuando practiques el diálogo interno. Sin este elemento de sinceridad, el diálogo interno no te ayudará a superar las dudas o los miedos que intentan arrastrarse por tu mente.
- Intenta elaborar tus afirmaciones en diferentes tipos de declaraciones en primera, segunda y tercera persona. Cada una de estas declaraciones afecta tu mente de diferentes maneras. Tales tipos de oraciones son las siguientes:

- Primera persona: estoy muy bien y nada puede detenerme.
- Segunda persona: Lo estás haciendo bien y nada puede detenerte.
- Tercera persona: Él/Ella {puedes insertar tu nombre} está muy bien y nada puede detenerlo.
- Repita estas afirmaciones varias veces durante el día. También le recomendamos que las escriba y las lea en voz alta. También puede grabarlas y escucharlas en la reproducción.
- Finalmente, comprométase con la consistencia. Cuanto más tiempo se invierte, mejor. Es posible que no vea un efecto duradero si solo practica durante un día o dos. Practica regularmente durante un mínimo de 30 días consecutivos.

Con la práctica regular, debería ver cambios obvios en la forma en la que te sientes, crees y actúas. También puedes disfrutar de tus propias afirmaciones personalizadas. El diálogo interno positivo funciona estupendamente para hacerte auto-disciplinado. ¡Disfruta de un diálogo interno positivo como una actividad normal de tu vida diaria!

Capítulo 4 – ¡Sí! Trabajan Juntos.

Cuando piensas en la motivación, te llenas de muchos pensamientos positivos como sea posible, lo que te saca del fracaso. Si haces una práctica regular de esto, puede funcionar. Desafortunadamente, el miedo tan "feo" como suena estará allí para detener tus movimientos. Sin embargo, la verdad es que el miedo puede jugar un papel positivo y te mostraré cómo.

Miedo vs Motivación

El miedo es un agente inevitable con el que tenemos que lidiar de una forma u otra. ¿Por qué no hacerlo positivo? El miedo no siempre es malo en todas las situaciones. A veces nos mantiene alejados del peligro.

Tenemos miedo de conducir por el lado equivocado del camino. Tenemos miedo de caminar al borde de un acantilado. Tenemos miedo a los productos químicos peligrosos y venenosos. Estos temores nos motivan a preocuparnos por la seguridad. ¿Por qué no podemos canalizar ese miedo para motivarnos a tomar mejores decisiones?

A menudo, el miedo nos detiene. Sin embargo, el miedo también puede mantenernos en movimiento, si se piensa de la manera correcta. El miedo puede ser un gran motivador, y es uno de lo que muchas personas realmente usan para ser muy productivos.

Por supuesto, no estoy hablando del tipo de miedo que muchas personas y organizaciones intentan hacernos sentir para poder controlarnos u obtener nuestro dinero. Éste es un tipo muy diferente de miedo.

El tipo de miedo que puede ser poderoso es el de no lograr un resultado con el que estás comprometido. Puede ser un miedo a decepcionar las expectativas de otra persona, aquellas a las que le hizo promesas, compromisos financieros, etc., o las tuyas propias, como las que pueden estar vinculadas a tu sentido de autoestima o integridad.

Recuerde que el miedo y la motivación son las mismas sensaciones corporales; es solo lo que definimos cuando lo sentimos. Algunas personas se desviven y pagan dinero para experimentar ese miedo (montañas rusas, películas de terror, etc.) Parece que cuanto más intensa es la sensación, más fácil es llamarlo miedo.

Una posible desventaja de usar el miedo como tu motivador es que, una vez que te acostumbras a él, no comenzarás a hacer nada hasta que sientas que comienza a arder en tus entrañas. Esto no es muy poderoso porque, una vez más, estás a merced de algo que está fuera de tu control. Si solo te mueves cuando sientes el miedo (o la emoción) no llegarás muy lejos.

Sin embargo, hay otra forma de hacer del miedo tu amigo además de llamarlo emoción, lo cual es cierto, pero a veces es difícil para nosotros creer en el momento. O, en lugar de convertirlo en tu amigo, conviértelo en algo mucho más poderoso, manejable y sostenible. Mira al otro lado del miedo. Por lo general, el miedo no es una entidad flotante que desciende sobre nosotros de forma espontánea y se

apodera de nuestras vidas. (Si es así, es una situación completamente diferente y debe ser atendida). Está unida a un pensamiento, o varios pensamientos. El miedo en realidad puede motivarnos e impulsarnos para una mejor mentalidad. Podemos desarrollar el hábito de usar el miedo como motivadores. Por lo tanto, no solo haremos que nuestros miedos pierdan sus poderes, sino que también los usaremos para construir una mentalidad positiva que esté libre de miedos.
¡Despierta! ¡¡Sé Audaz!!

Capítulo 5 – Sé un maestro en establecer objetivos

El arte de establecer objetivos no se enseña. Para avanzar y alcanzar tus objetivos, primero debes comenzar definiendo exactamente lo que deseas. Entonces movilizas tu energía hacia ese objetivo.

El proceso de establecer un objetivo a menudo es complicado o desalentador. El aspecto más importante es establecer los objetivos correctos. Sus objetivos deben ser únicos para usted porque todos los objetivos se basan en un nivel de desempeño individual. Para resaltar adecuadamente la individualidad de establecer objetivos, es mejor decir una frase en primera persona. Tal como "Quiero ver una película este fin de semana". Las personas que imaginan sus objetivos en primera persona tienen más probabilidades de alcanzarlos.

Antes de establecer un objetivo, asegúrese de tener una buena idea de su habilidad actual. Aquí hay 6 formas de establecer objetivos que verá hasta su culminación:

Elegir Sabiamente

La elección que hagas a menudo determina qué tan bien te apegarás a ellos. Elija objetivos no porque sean bien conocidos o recomendados por otros, sino porque significan algo para usted.

Dale a tu objetivo una línea de tiempo

Crear una línea de tiempo para tu objetivo lo hace más tangible y real, que un objetivo que ha estado rondando en tu mente todo el tiempo. Tener un tiempo en el que deseas haber alcanzado un objetivo no solo te dará el coraje inicial, sino que también te mantendrá trabajando para alcanzarlo. También puedes dividir tus objetivos en metas más pequeñas para crear una cantidad constante de impulso, esfuerzo y recompensa.

Aprende a revisar tus objetivos

A medida que crecemos y evolucionamos, también lo hacen nuestros objetivos. La mayoría de las personas no logran sus objetivos porque no los revisaron con la situación actual en la que se encontraban. Aprender a revisar tus objetivos de vez en cuando, seguramente te ayudará a alcanzarlos.

Date una recompensa por seguir con eso
Reconoce tus esfuerzos regularmente. Esto puede ser al final de un largo día o por completar una tarea. Reconoce tus esfuerzos por lo lejos que has llegado. Recuerda que mereces una recompensa por seguir con un objetivo y lograrlo.

Beneficios para el establecimiento de objetivos

- Estimula enormemente nuestra vida y le da sentido. Si somos descuidados con el establecimiento de objetivos, debilita tu vitalidad y entusiasmo.
- Ayuda a administrar mejor nuestro tiempo
- Establecer objetivos le permite ser más eficiente o productivo
- Este es un factor decisivo para el éxito de nuestro negocio.
- Alcanzar objetivos da mucha satisfacción.

Las siguientes verificaciones le permitirán identificar tus motivaciones reales y verificar si tus objetivos están de acuerdo con tus valores. Además, pueden ayudarte a descubrir un beneficio secundario de tu objetivo. Puede ser un comportamiento o

hábito que parece negativo pero parece desempeñar una función positiva en algún nivel.
- ¿Cuál es el verdadero propósito de mi objetivo?
- ¿Qué perderé o ganaré al lograr mi objetivo?
- ¿Qué no sucederá si lo hiciera?
- ¿Qué ocurriría si no lo hago?
- ¿Cuáles son los beneficios de lograr el objetivo?
- ¿Cómo voy a alcanzar mi objetivo?
- ¿Cuál es el primer paso por hacer?
- ¿Cuáles son las acciones que necesito para comenzar?
- ¿Cuáles son los pasos que planeé para lograr mi objetivo?

Tómese unos minutos para obtener algunos objetivos en papel o electrónicamente.

Tus objetivos deben ser

1. **Grande:** ¿Quieres una vida emocionante que despierte tu entusiasmo y vitalidad? Así que

proponte grandes objetivos. ¿Crees que son alcanzables?

2. **Progresivo:** establezca algunasmetas. Paso a paso, te acercan al gran objetivo. Tu confianza se establecerá después de que se logres cada meta intermedia.

3. **Deseable:** Lograr tus objetivos dependerá mucho de tu deseo. Si estos objetivos son demasiado comunes o están a la mano, no generarán mucho interés en usted y, por lo tanto, aumentarán las posibilidades de que no se cumplan.

4. **Específico:** ¿Cómo sabrá que ha alcanzado sus objetivos si son generales y vagos? Es imposible. Establécete objetivos muy precisos y específicos. No tengas miedo de entrar en detalles.

5. **Establezca una fecha límite:**Éste es el punto más importante. Desea establecer un marco de tiempo para cada objetivo. Cada día que pasa te acerca un poco más a tu objetivo. Siempre será posible darte tiempo extra si es necesario. Pero es mejor

lograr ese objetivo en menos tiempo que el establecido para alcanzar ese objetivo.

Capítulo 6 – ¡Actúa Hoy!

Ahora que tienes algún conocimiento de lo que trata la autodisciplina, es hora de desglosar los 6 pasos para adquirir autodisciplina.

PASO 1 – ¿Has definido lo que quieres?
El primer paso de este proceso es tener una visión clara de lo que quieres lograr. Solo puedes establecer autodisciplina cuando se canaliza hacia algo exacto; y ese algo exacto en este caso es el resultado que deseas.

Para entender adecuadamente qué es lo que quieres. Hazte algunas preguntas:

¿Qué quiero hacer, tener, ser o lograr?

¿Qué tipo de hábitos quiero desarrollar?

¿Qué comportamientos quiero cambiar o eliminar?

¿En qué debería centrarme en este momento?

PASO 2 – Describa los cambios que se requieren

Ya que hemos aclarado lo que deseas

específicamente, es hora de que describamos el resultado deseado de nuestra elección en términos de los comportamientos que deseas adoptar y el tipo de imagen que esperas cuando se logre el objetivo.

Los objetivos que nos fijamos tienen un conjunto definido de hábitos / comportamientos que debemos adoptar para lograr ese objetivo. Tener una imagen clara de estos comportamientos será de gran ayuda para ayudarle a saber lo que se necesitará para lograr el resultado deseado.

Has pensado en el objetivo y te has preguntado:

¿Qué comportamientos debo adoptar para lograr este objetivo?

¿Qué hábitos necesito cultivar para alcanzar este objetivo?

Cuando respondas estas preguntas, debes tener en cuenta tus valores fundamentales. Los hábitos y el comportamiento que cultivas deben reflexionar sobre estos valores. Esta es la única forma de asegurarse de que tiene el poder suficiente para cumplir con este objetivo.

Además, el viaje para lograr un objetivo generará un gran cambio en su personalidad. Crecemos y aprendemos en este viaje y esto ayudará a transformar la forma en que nos vemos a nosotros mismos, las circunstancias y también cómo tratamos con otras personas. Esto significa esencialmente que tendrá que adaptarse en algunos aspectos para lograr el objetivo en cuestión. En otras palabras, debes ser esta persona que merece tener este objetivo en su vida. Necesitas preguntarte a ti mismo:

¿En qué tipo de persona me convertiré para lograr mi objetivo?

¿Necesito adoptar alguna cualidad? En caso afirmativo,

¿Qué tipo de cualidades necesito adoptar?

¿Cómo pensaré en mi objetivo y en mi vida?

Responder estas preguntas es vital porque la autodisciplina comienza desde un nivel de certeza o incertidumbre. Cuanto más seguro estés, más acumularás autodisciplina.

PASO 3- Busque modelos a seguir

Ahora es el momento de buscar respuestas para fortalecer su autodisciplina. Debe identificar específicamente algunos modelos a seguir (familiares, amigos y colegas) que ya han alcanzado este objetivo en el que está trabajando. Necesitas preguntarte a ti mismo:

¿Quién está haciendo esto ahora?

¿Quién ha tenido éxito con este objetivo?

¿Quién ha dominado este hábito?

¿Alguien ha hecho este cambio?

¿Quién está calificado en esta área?

¿Cómo y qué puedo aprender de esa persona?

Es posible que las personas que coinciden en tus preguntas sean personas que conoces. Tómese el tiempo para reunirse con ellas y pregúnteles cómo pueden disciplinarse a sí mismos, para lograr el resultado deseado. ¡Eso es todo!

Use esta experiencia como guía para disciplinarse mejor a lo largo de su viaje.

PASO 4- Aclara las Razones e Identifique

los Obstáculos

Debe tener un mayor nivel de claridad sobre lo que se necesitará para lograr el resultado deseado. Sin embargo, enfrentar obstáculos a lo largo de su viaje es inevitable. Debe poder soportar la prueba para avanzar. Pregúntese:

¿Qué obstáculo podría interponerse en mi camino?

Cuantas menos razones tengamos para lograr algo, más seremos bloqueados durante el viaje. Entonces, para evitar esto, necesitamos anotar las razones por las que desea el resultado deseado. Por ejemplo, puedes preguntarte:

¿Por qué quiero lograr este objetivo?

¿Por qué es importante para mí en este momento?

¿Por qué realmente lo quiero en mi vida?

¿Qué gano haciendo esto?

Sigue construyendo los POR QUÉ y los QUE. Cuantas más razones tenga para alcanzar tu objetivo, más fácil será ser disciplinado a lo largo de tu viaje.

PASO 5 – Desarrolle un Plan de Acción

Estratégico

Ahora es el momento de utilizar toda la información recopilada para desarrollar un plan de acción para lograr este objetivo. Debe planificar ya que le proporciona un control absoluto sobre los resultados. Le da una sensación de certeza y confianza de que se logrará el resultado deseado. Es esta confianza la que lo impulsa a través de los problemas que puede enfrentar a lo largo de su viaje.

PASO 6 –Responsabilidad

Mencionamos esto anteriormente en el capítulo 2. La parte final de este proceso se reduce a la responsabilidad. Necesita responsabilizarse por las decisiones y las elecciones que hizo a lo largo del viaje.

Por ejemplo, puede crear un equipo de soporte que lo ayudará a realizar un seguimiento y mantenerse enfocado. Tener otra voz para motivarte y animarte te ayudará hasta el final de tu búsqueda.

Conclusión

¡Gracias de nuevo por descargar este libro! Recuerda: La autodisciplina es un proceso que se puede aprender y enseñar. Cualquiera que aprenda el proceso puede optar por aplicarla en cualquier situación. No es un rasgo personal. No es "Tengo autodisciplina". Es una habilidad, "Yo uso la autodisciplina".

Algunos de los factores que pueden ser un obstáculo para lograr esta habilidad son el miedo, el diálogo interno negativo y el establecimiento de objetivos deficientes. Hemos destacado adecuadamente cómo abordarlos.

Usar esta habilidad se vuelve más fácil con la práctica. Cada vez que lo usas, también estás practicando. Por lo tanto, use regularmente lo que ha aprendido, ocasionalmente actualice sus conocimientos y todos sus logros.

¡Gracias y buena suerte!

Parte 2

¿Qué es lo que quieres y por qué lo quieres? – ¡Y por qué es importante que puedas responder esto!

Así que quieres cambiar.¿Qué es exactamente lo que quieres cambiar, y por qué? Probablemente sabes mucho sobre el establecimiento de metas, y sobre la importancia de tener metas claramente definidas que sean SMART (Por sus siglas en inglés: Especificas, Medibles, Alcanzables, Relevantes y limitados en el Tiempo).

¿Eres de las personas que se salta la parte sobre el establecimiento de metas? Tal vez sabes la dirección del viaje y no piensas que necesites ese nivel de especificidad. Probablemente sabes sobre delinear las tareas que hacen la meta. ¡Tal vez incluso te confundas sobre cuál es una meta y cuál es una tarea y cuál es la diferencia hasta que termine sin importante de todas maneras! Tengo el presentimiento que no pasas tanto tiempo enfocándote en lo específico de tu meta y cómo planeas llegar hasta ahí, porque si lo hicieras, probablemente ya habrías logrado lo que querías y no estarías leyendo esto.

Aquí un pequeño ejercicio de diez segundos: Ve y busca lápiz y papel. ¡Ahora!

Entonces... ¿Estás con papel y lápiz en mano? Si es así, genial. Pero ¿si ni siquiera agarraste el lápiz y papel? Vamos a ver qué está pasando. ¿Estás planeando en aprender algo y aplicarlo? ¿O estás planeando leer otro libro de auto-ayuda como una forma de convencerte de que estás *tratando* de cambiar mientras actualmente no haces nada?

Pregúntatelo: ¿Por qué no hice la simple tarea de buscar lápiz y papel? Ya que estamos en esto ¿Por qué en general no hago los ejercicios en esta clase de libros?

Tengo certeza de que hay muchas distintas maneras de responder, ante lo que la experiencia me dice que debería incluir lo siguiente:

- *¡Estoy planeando en leerlo primero y hacer los ejercicios después!*
- *¡Me molesta hacerlos!*

- *Hago los ejercicios en mi mente, simplemente no los escribo. ¿Qué hay de malo en ello?*
- *Ah, ya he escuchado todo esto antes, ¡No lo haré de nuevo!*

Cualquiera que sea la respuesta, revísalo en ti: ¿Es esta la actitud de alguien que está a punto de lograrlo? ¿De hacer sus sueños realidad? ¿Tuvo (Inserte el nombre de cualquier persona exitosa en cualquier campo) esta clase de acercamiento a alcanzar sus metas? ¿Cómo esta actitud demuestra tu disposición a dejar ir todo lo que te mantiene atorado, tolerar la disconformidad y tomar acción? Exacto, no lo hace.

Espero que mi puntosea entendido y que ahora realmente tengas lápiz y papel. Es tan fácil leer libros como estos y *no* hacer los ejercicios, entonces me temo que debo ser relativamente estricto en a este punto. Así que simplemente lo voy a reiterar:

SI NO SIGUE LA GUIA, NO VA A GANAR NADA DE LEER ESTE LIBRO.

Teniendo eso claro, si continua a no seguir la guía, va a tener que trabajar en descubrir por qué está invertido en permanecer atascado. Las buenas noticias es que las maneras en las que nos autosaboteamos – y cómo detenerlas – se cubren en detalle más adelante

Así que estamos de acuerdo: Tener una meta definida es importante. No nos enfoquemos tanto en la distinción entre metas y tareas, pero lo que tienes que saber es que es importante tener claro tu meta, y también cómo vas a llegar ahí (Otra forma de referirse a las tareas).

Te podrás decir, *mi meta es bajar de peso para el verano. Sé eso, y sé a dónde me dirijo, realmente no necesito especificar los 'por qué' o los 'cómo'.* Claro, es como saber a dónde quieres ir (digamos, la cima de una montaña) pero no conocer la ruta que vas a tomar. Sólo vamos adelante, ¿no? Bueno, hasta que llegas al punto de decisión. Los puntos de decisión son *momentos críticos* donde debes elegir entre una ruta u otra. Si ya has trazado tu ruta esto será fácil, sabrás que debes ir a la izquierda cuando el camino se bifurca por el árbol caído. No habrá ningún 'Uhmmm' y 'Ahhg' y deliberaciones sobre qué ruta tomar.

Esto es lo mismo que establecer metas sin saber cómo vas a alcanzarlas. Si estás planeando bajar de peso para el verano, y es el cumpleaños de tu amiga y ella trae pastel a la oficina. Ahora estás en un momento crítico, y no tienes un plan. Simplemente sabes vagamente que quieres comportarte bien. Pero no has decidido qué significa 'bien'. ¿O qué tan bien es bien? *¿Puedo comerme un pedazo del pastel y aun así perder peso para el verano? Sí, probablemente.* ¿Suena familiar?

Vamos a imaginar que más bien tienes un plan – un mapa de cómo vas a alcanzar tu meta. Un simple plan podría ser por ejemplo:

Nada de azúcar refinada de lunes a viernes.

Nada de alcohol excepto los sábados en la noche.

Treinta minutos de ejercicio los lunes, miércoles y viernes.

Ahora, frente al pastel, no hay diálogo interno respecto a si '¿Puedo comerme este pastel y alcanzar mi meta?' La respuesta es no. No hay necesidad para una discusión en tu cabeza, ya que la discusión ya fue decidida cuando tu plan fue puesto en marcha. Estás en una posición mucho más fuerte para decirle 'no' a ese pastel. De otra forma, la mente tiene una tendencia a creer que podemos seguir comiendo pastel y perder peso.

Así que por lo importante de los momentos críticos, debes tener tu meta clara y una ruta claramente definida para alcanzarla.

Hay una segunda parte de por qué es importante el establecimiento de metas. Sabes sobre el *cómo* de tu meta. Ahora necesitas entender el *por qué*.

Veamos el caso de una clienta, Jenna. Jenna quiere tener una mejor rutina para su estilo de vida. Jena tiene 41 años, está casada y trabaja como diseñadora web independiente. Ella va a la cama a las 3 am y despierta a medio día. Trabaja desde la casa entonces no es problema para su trabajo, pero eso no significa que ella no pueda disfrutar sus mañanas, lo cual es una pena ya que vive cerca del mar y le encanta salir a caminar con sus perros rescatados Toby y Madeleine. Cuando pensamos sobre lo que debería cambiar para Jenna, es bastante simple. Ella debe ir a la cama más temprano (establecimos a la 1 am, porque ella es noctámbula y más temprano le parecía poco realista) y debe levantarse más temprano (10 am). Hay otras partes del plan sobre los hábitos de Jenna que en general van a tener que ser emprendidos más temprano – al igual que encontrar tiempo para sí misma durante el día, ya que parte de sus desvelamiento son para tener su tiempo a solas cuando su pareja ya se ha ido a dormir. Parece simple. Ella podría dejarlo ahí, pero si ella realmente no se interesa en el *por qué* lo quiere, entonces lo más probable es que pierda su meta de vista en algún punto.

Como parte del establecimiento de tu meta, pregúntate: Cuando haya alcanzado ese objetivo, ¿Qué significará esto para mí? Cuando tengas tu respuesta, pregúntate de nuevo: ¿Y qué significa *eso* para mí?

Le pregunté a Jenna sobre qué significa para ella levantarse temprano: Jenna respondió: *Significará que disfrutaré el día más, y saldré a caminar con Toby y Madeleine en las mañanas, al igual que las tardes, cosa que ellos aman.*

¿Y eso qué significará para ti?

Estaré satisfecha al final del día, y tendré una sensación de logro, al igual que ayudaré a Toby y Madeleine a tener un día también.

¿Y eso qué significará para ti?

Sentiré que estoy aprovechando mi vida y también ayudando a los perros a aprovechar las de ellos.

Continúa así, preguntándote qué significará el alcanzar tu meta hasta que tengas una sensación sobre la meta *detrás* de tu meta. Para Jenna, era sobre aprovechar su vida y ayudar a sus amados perros a hacer lo mismo.

Podrás preguntarte *¿Por qué necesito saber esto?* Cuando te estés preguntando si molestarte con este paso que solo necesita dos minutos de tu tiempo. Necesitas saber esto porque en algún punto tu motivación desaparecerá en el aire. En estos puntos, cuando Jenna está en la cama sintiendo todo el calor y sabe que ella *debería* salir de su cama ya que son las 10 am, y ella necesita recordarse *por qué* es importante. En estos puntos donde necesitamos hacer un esfuerzo extra y experimentar sacrificio y disconformidad, no estamos dispuestos a hacerlo si no tenemos claro en nuestra mente *por qué* lo estamos haciendo. En su lugar, nos encontramos a menudo en el terreno del *debería*. Por ejemplo: *¿Debería levantarme ahora?* Hemos pasado bastante tiempo diciéndonos qué deberíamos hacer. Sabrás por experiencia qué tan inefectivo es *porque lo tengo que hacer* como razón para implementar cambios positivos. Para ti, como para

Jenna, es necesario saber *por qué* quieres hacer los cambios para que puedas llevar a mente sin esfuerzo esas razones en momentos críticos.

En resumen, saber los *por qué* y los *cómo* de nuestras metas es vital para los momentos crítico. Yo sé que puede no parecer importante en este momento porque en *este* momento tienes el foco en logar tus metas. No es para este momento. Es para los momentos críticos en el futuro cuando si no tienes un plan podrás terminar dándote permiso para actuar de forma que no está alineada con lo que quieres lograr.

Ahora que estamos convencidos que el establecimiento de metas es importante, vamos a hacerlo. ¡Sí, ahora!

Escribe tu meta en el formato mostrado abajo o algo similar (Si tienes más de una meta en la que trabajar, entonces tendrás que usar una página para cada una).

Vas a seguir añadiéndole a tu plan de acción a medida que trabajes este libro. Si tener cosas escritas en papeles decorados, entonces hagamos estos ejercicios en borrador y cuando el plan esté completo escríbelo en un papel decorado más adelante. No esperes a tener el cuaderno adecuado o papel para comenzar. ¡Comienza ahora!

PLAN DE ACCIÓN

Fecha de inicio del plan de acción:

Mi meta es:

Lograré mi objetivo el (fecha):

¿Qué significará para mi lograr esto? (Escribe cuantas respuestas vengan a la mente, sólo te detengas cuando llegues a la meta detrás de la meta)

Ten tu plan de acción en algún lugar que lo puedas encontrar en momentos críticos. Deja un poco de espacio al final de la página ya que continuaremos añadiéndole a tu plan de acción a medida que avance el libro.

Cuando te estés preguntando en dónde poner el plan de acción, es una buena idea que te preguntes: **¿Cuáles son los momentos críticos para mí?** Para Jenna, tener sus metas cerca de su cama es un buen plan.

Ruta al éxito

Así que ahora sabemos que necesitamos tener un plan para cómo vamos a alcanzar nuestra meta, al igual que un sentido claro de lo que la meta es y por qué es importante.

¿Cómo creamos ese plan? A través de este libro, vamos a estar mirando las acciones y comportamientos que pueden apoyarte hacia tu meta, los cuales querrás incorporarlos en el plan de acción. Pero para comenzar necesitamos una idea básica de los pasos a tomar.

Tomemos el ejemplo de Andy. La meta de Andy era inicialmente algo amplia en que quería adoptar un estilo de vida más saludable. Incluido en esto estaba el deseo de perder peso, tomar menos alcohol y ejercitarse más... ¡y luego comenzar a tener citas! Para Andy, necesitaba ponerse una serie de tareas dirigidas a todos estos factores. No deben ser complejas. De hecho, entre más simple, mejor.

Las tareas de Andy – algunas de las cuales él tiene que hacer y otras que *no* debe hacer – se veían algo así:

- Nada de azúcar refinado de lunes a viernes
- Nada de alcohol cuatro días a la semana, determinado el sábado en relación a la próxima semana dependiendo de los horarios de eventos sociales.
- Asistir a la clase de spinning todos los lunes a las 7 pm.
- Si un destino toma 30 minutos o menos caminando, entonces caminar en vez de manejar.

Como puedes ver, esto es un plan muy claro que aborda cada uno de las metas de salud de Andy. Por supuesto algunas personas optan hacer dietas, lo cual es más complejo y puedes adaptar tu plan para reflejar cualquier guía que estés escogiendo para vivir en la búsqueda de tu meta. Mi sugerencia es que sigas la guía de lo que te emociona en relación al detalle y la complejidad. Para algunas personas (como Andy), ver un plan simple que comprende únicamente cuatro tareas crea una sensación de que este nuevo estilo de vida es fácil y alcanzable. Si él se adhiere a estas cuatro reglas, no hay duda que será más saludable. Andy esta todavía más motivado cuando se dé cuenta de lo simple que puede ser.

Otros realmente disfrutan un régimen más ajustado involucrando un plan más detallado para cada día. Si sabes esto sobre ti, entonces trabaja con esto, no en contra, y dejar tu plan reflejar tu preferencia con la especificidad.

Cualquiera que sea tu enfoque, no se puede escapar de la parte en que hay que hacer el plan y escribirlo. Así, ahora añade a tu plan de acción la parte del 'cómo'. **Toma tu plan de acción y escribe un nuevo título.** Lo puedes llamar 'mi ruta al éxito' o algo similar que encuentres motivador. Bajo este título, en forma de lista, escribe los pasos, acciones, inacciones y guías que vas a seguir para asegurarte de alcanzar lo que has decidido.

¡Hazlo ahora!

Ayúdate – Comportamientos que apoyan tus metas

Hemos hablado sobre establecer una meta, saber por qué la estableciste y cómo hacer un plan para alcanzarlo. Me imagino que has hecho ejercicios similares a estos y aun no has hecho ningún cambio significativo y consistente. Sin embargo, las buenas noticias es que puedes apoyarte para mantener tu compromiso y motivación, y veremos estos antes de mirar las barreras más significativas del cambio. Estas son técnicas que te apoyan a mantener el enfoque, motivación y mantener tus metas claras en tu mente. Bajo la lista de tareas en tu plan de acción, empieza a escribir una lista de 'comportamientos que apoyan mis metas' que vas a usar, incluyendo algunas o todas las técnicas aquí descritas.

Estableciendo intenciones

Establecer las intenciones es estar claro al principio de cada día sobre lo que vas a hacer en el día para perseguir tu meta. Esto ayuda en muchas formas. Primero, desglosa tu meta en pequeñas piezas. A veces una meta como 'ser saludable' puede sentirse vaga, con tantas pequeñas decisiones que se deben hacer cada día que puede sentirse abrumador. Incluso con la ruta hacia tu meta que has establecido, puede aún sentirse la necesidad de clarificar sobre cómo se va a ver en el día a día.

Por ejemplo, Marcos decidió escribir 500 palabras, cinco días a la semana como parte de su rutina para completar su novela. Eso todavía deja la pregunta: ¿Es este uno de esos cinco días? Si es así ¿En qué punto del día me voy a sentar a escribir? Al estableciendo las intenciones al principio del día, vas a comenzar con el pie correcto, vas a minimizar el riesgo de discusiones internas más tarde sobre si hoy vas a tener un día libre o mañana, y vas a tener una clara sensación de dirección para el resto del día. No estás simplemente siendo llevado, siguiendo el flujo de lo que pase, tratando de negociar contigo durante todo el día. Las decisiones se han hecho antes de que el día propiamente comience. Una decisión, hecha al principio del día cuando estableces tus intenciones, niega toda necesidad de deliberación interna en todos los momentos críticos del día. Haciendo las decisiones antes de que tales momentos aparezcan disminuye mucho la tensión de toda decisión.

Piensa ahora sobre tu meta. ¿Cómo podrías establecer intenciones que te ayuden? Si reconoces el valor que esto puede ser para ti, escríbelo en tu plan de acción.

Visualización Positiva

La visualización se trata de ver lo que quieras en el ojo de la mente. Puedes ser tan creativo como quieras con esto, y hay a menudo muchas diferentes visualizaciones que puedan apoyarte. Las características principales simplemente son que en tu visualización hayas alcanzado tu meta, y que la visualización sea suficientemente vívida como para que lo puedas ver claramente, y realmente experimentarlo al máximo con tus sentidos. Quieres ser capaz de ver la imagen, escuchar los sonidos y sentir las emociones a medida que visualizas.

Es útil si tu visualización no se enfoca en cómo vas a alcanzar la meta, sino en las consecuencias de ésta. Visualiza algo que por definición significa que *ya* alcanzaste tu meta. Para Maros, él visualiza la publicación de su libro. Está firmando libros y más tarde hará preguntas y respuestas con el público. Durante esto, Marcos siente la satisfacción de haber completado su novela y de que ésta sea exitosa. Una de las metas detrás de la meta de Marcos era sentir que logró algo significativo con su vida, y la visualización se aprovecha de esto al incorporarlo no sólo como el completar la novela, sino además como una audiencia para su libro a los cuales les trajo disfrute.

Marcos piensa sobre qué preguntas le pueden hacer y sobre qué sus respuestas podrían ser. Mientras visualiza, la motivación de Marcos hacia su meta aumenta, la confianza en sí mismo aumenta y su enfoque en su meta aumenta, ya que se le recuerda por qué su meta es importante para él.

Andy se visualiza como el padrino en la boda de su amigo. Se imagina caminando hacia la marquesina vestido con su traje y sensación de confianza y felicidad que le da el sentirse bien sobre sí mismo. Él se imagina bailando en la fiesta y hablando con sus amigos. Para Andy, en esta visualización le da la sensación de cómo su pérdida de peso impacta su habilidad para disfrutar y sentirse bien consigo mismo, aprovechando su meta de aprovechar al máximo su vida. Andy se recuerda a si mismo esto cada vez que considera actuar en forma que no se alinea con su meta.

La visualización no es sólo una estrategia de motivación que nos hace sentir bien. También impacta nuestro cerebro. Investigaciones han demostrado que el cerebro no puede distinguir entre lo que realmente está pasando y aquello que pasa en nuestra imaginación. Si repetimos el comportamiento una y otra vez en el ojo de nuestra mente, estamos realmente entrenándonos a nosotros mismos como si realmente lo estuviéramos haciendo.

Si la visualización te atrae entonces añádela a tu lista de comportamientos que apoyan tus metas junto al escenario que vas a visualizar. Recuerda que en la visualización ya has logrado tu objetivo y mejor todavía si se alinea con tu meta detrás de la meta

Auto-charla positiva

Cambiar tu diálogo interno tiene el potencial de ser enormemente poderoso. Lo que nos decimos a nosotros mismos impacta nuestro ánimo, estado emocional, sensación de sí mismo y nuestras acciones. Todos tenemos formas habituales de hablarnos a nosotros mismos que frecuentemente son muy críticas. Si nos detenemos y ponemos atención a lo que estamos diciendo, probablemente vamos a encontrar que la forma en que nos hablamos a nosotros mismos es bastante desagradable y ¡ni soñamos en hablarle a alguien más así! Nuestras acciones a menudo siguen nuestra auto-charla. Cuando nos frustramos con nosotros mismos por no comportarnos como quisiéramos, si examinamos nuestra auto-charla, el resultado frecuentemente no sorprende.

Por ejemplo, Andy también quiere tener más confianza hablando con mujeres. Él ve una mujer atractiva con quien trabaja en la máquina de café, y él está cerca. Es una buena oportunidad para una conversación casual. Él la conoce por reuniones profesionales, y de hecho sería perfectamente normal preguntarle '¿Cómo estás?' Pero así es como sucede la auto-charla de Andy: *Oh, ahí está Ellie. La saludaré. ¿Y si me ignora? Probablemente no quiere hablar conmigo. ¿Qué tal si comienzo a hablar y no se me ocurre nada que decir?* Así sigue. Imagínate que eras Andy. Si esto es lo que te dices a ti mismo, estas creando la noción que Ellie es un prospecto muy riesgoso y tiene mucho sentido evitarla.

En su lugar podrías adoptar una auto-charla positiva. Esto podría ser similar a:

Ahí está Ellie, me encantaría hablar con ella. Tengo muchos amigos y la gente disfruta estar conmigo así que probablemente Ellie se va a sentir bien que le hable.

Esto funciona para algunas personas. Pero, para otras puede parecer un cambio tan significativo de su posición usual que es difícil que lo hagan. Puede ser como tratar de convencerte de algo que no parece cierto. Esto dicho, si lo combinas con la visualización y realmente logras la sensación de confianza, esto puede ser mucho más efectivo.

Alternativamente puede ser algo que sea más sobre aceptar tus fallas en vez de tratar de convencerte de algo. *Oh ahí está Ellie. Me gustaría hablar con ella y conocerla un poco mejor, iré a saludarla. Puede que sea amistosa o no, pero eso está bien de todas formas. Puede que me quede sin cosas qué decir, pero no es el fin del mundo. Es una buena práctica y eso es lo que debería hacer ahora.* Este acercamiento es más sobre confrontar y aceptar tus miedos y realizar que… bueno,

¡No es el fin del mundo! Algunas personas encuentran esto más útil ya que no te estas tratando de evitar pensar algo habitual tanto como lo estás *transformando*.

Con la auto-charla, tiene que volverse habitual para que sea lo más efectiva, para que esta nueva forma de pensar se vuelva la forma natural. Esto significa mucha práctica y adquirir el hábito de notar lo que te estás diciendo y activamente cambiarlo. Tanta de nuestra auto-charla está en autopiloto que ni nos damos cuenta lo difícil que lo hacemos para nosotros mismos hasta que es demasiado tarde. Cambiado la auto-charla es un proceso que toma tiempo y compromiso. Cuando olvidas monitorear tu auto-charla y de repente te das cuenta que te la estás haciendo difícil, entonces ¡no te la pongas difícil sobre ponértela difícil! Cambiar tu auto-charla es algo en lo que te harás mejor a medida que el esfuerzo sea consiente, y mientras te estés volviendo mejor en ello, estás en buen camino.

Hay algunas formas de ayudarte a

conseguir un hábito. Primero que nada, haz una lista de algunas frases positivas – afirmaciones positivas - que puedas memorizar. El contenido de estas afirmaciones depende de ti y de lo que quieras alcanzar. Asegúrate de utilizar el tiempo presente. Si necesitas información, buscar afirmaciones positivas en internet te dará muchísimas a elegir. Escribe aquellas que resuenan contigo.

Anota tus afirmaciones en tu plan de acción. Aunque puedas no creer las afirmaciones cuando las ves al principio, en el tiempo reemplazarán tus pensamientos negativos automáticos. Si vas a tener pensamientos automáticos ¿Por qué no hacerlos positivos?

Asegúrate de añadir los comportamientos que apoyen tu meta tales como el establecimiento de intenciones, visualización y auto-charla (incluyendo cualquier afirmación) a tu plan de acción, y ¡continuemos!

Construyendo mejores hábitos

Como probablemente has notado, hacer cambios a fuerza de voluntad es un negocio de perder. A veces, si nuestra motivación es fuerte, también lo es nuestra fuerza de voluntad. Tenemos que tener razones claras para hacer los cambios. Esto es a menudo el caso cuando hay mucho en juego, como cuando tenemos una situación seria de salud. En tales circunstancias, la consecuencia de no cambiar es suficientemente alarmante para obligarnos a tomar acción.

Sin embargo, es frecuentemente el caso que el cambio no es un escenario de vida o muerte. Sí, nos encantaría bajar de peso, pero ¿y si no lo logramos? El mundo no se va a acabar. Con muchas de nuestras metas orientadas a mejorarnos a nosotros mismos, fallar no es tan catastrófico como decepcionante, dejándonos con una sensación general de insatisfacción de que no cumplimos nuestro potencial.

Algunas veces eso significa que nuestra fuerza de voluntad y motivación puede disminuirse. Y hay muchas posibles razones de por qué, las cuales están delineadas en otros capítulos. Lo que podemos hacer es hacerlo más sencillo para nosotros al dirigirnos a nuestros hábitos, y por lo tanto reduciendo nuestra necesidad de depender de la fuerza de voluntad.

Cuando el hábito es formado, se vuelve parte de nuestra rutina y no tenemos siquiera que pensar en ello. No necesitamos fuerza de voluntad para que suceda... ¡Simplemente sucede! Piensa sobre vestirnos en las mañanas o lavarnos los dientes. A menos que haya alguna enfermedad u otra circunstancia en tu vida que haga esto difícil, esto es probablemente parte de tu rutina diaria y no requiere ninguna auto-charla motivacional o fuerza de voluntad para lograrlo. Una vez establecido como un hábito, no requiere mucho esfuerzo, sacrificio o disconformidad para mantenerlo - ¡acaso no es genial!

Pero ¿Cómo formamos un hábito? Las investigaciones nos dicen que la mejor manera es encadenar el nuevo hábito a uno ya existente. Tal vez quieres adquirir el hábito de establecer intenciones. Como has leído, tener intenciones claras y articuladas al principio de la mañana es un muy buen comportamiento que apoya tus metas que te da mucha mejor oportunidad de lograr lo que quieras lograr.

Ya estás en el hábito de caminar hacia la estación de tren todos los días para el trabajo, así que decides pasar el tiempo que vas caminando para establecer tus intenciones para el día y exponerlos claramente en tu mente. Vinculando tu nuevo comportamiento a este hábito ya establecido va a ayudar a que el nuevo comportamiento sea un hábito también. Ya no tienes que encontrar tiempo en tu horario ocupado o recordar hacer algo nuevo. Simplemente usas un hábito para apoyar otro.

Para Jenna, ella quería apoyarse a sí misma con sus metas al establecer sus intenciones todas las mañanas. Ya tenía la tendencia de apretar el botón de dormitar, así que usa esos siete minutos antes de la próxima alarma para establecer sus intenciones y hacer sus afirmaciones. De ahora en adelante, apretar el botón de dormitar es un gatillo para actuar sus nuevos hábitos en vez de contar los minutos del reloj.

Pregúntate: ¿Hay alguna parte de tu meta que involucre la formación de un hábito?

Puede ser que tu meta en si misma sea la formación de comportamientos habituales. Por ejemplo, si, como Marcos, quieres escribir un libro, podrías mirarlo como adquirir el hábito de escribir diariamente. El logro de tu meta depende en el desarrollo de un nuevo hábito. Si ya estás en el hábito de tomar una taza de café en la mañana y leer tus correos, podrías cambiarlo a escribir 500 palabras con tu café. *Luego* leer los correos. El nuevo hábito está entre dos hábitos fuertes ya existentes y con el tiempo se vuelve tan parte de tu rutina usual que no requiere mucho en términos de fuerza de voluntad.

Para otras metas, tales como perder peso, es sobre lo que *no* vas a hacer tanto como lo que sí vas a hacer. Pero hábitos todavía puede ayudar, al incorporar otros comportamientos que apoyen tu meta en tu rutina. Andy, por ejemplo, decidió reducir su hábito de la bebida de tomarse una (o cinco) cervezas a tomar nada más tres veces a la semana. Para apoyarlo en lograr esto, Andy decidió que establecer intenciones al principio de la mañana era un comportamiento que apoya su meta. De esta forma, él sube que si hoy es un día en que no toma, puede hacer un plan para el día desde el principio. De esta forma, aunque sus metas son sobre *no* hacer algo, adquirir el hábito de establecer sus intenciones aseguró que se quedara en la ruta que había planeado para su meta.

El secreto de los hábitos es que se vuelven partes regulares y automáticas de nuestra rutina de día a día. Pueden sentirse como pequeñas cosas, pero la acumulación de estas pequeñas cosas es lo que llevará ultimadamente al gran cambio. Una vida cambiada es habitualmente nada más que hábitos cambiados.

Ahora a la acción: Para tu meta – o para cada una de tus metas – revisa tu plan de acción para ver cuál de las tareas que has identificado requiere un nuevo hábito. Ahora mira tus comportamientos que apoyan tu meta y date cuenta si estos son hábitos que debes formar. Al lado de cada acción que califique como un hábito, escribe cuándo vas a lograr esto, vinculándolo con los comportamientos existentes.

Si has escrito establecer intenciones, al lado, escribe cuándo lo vas a hacer. Asegúrate de vincularlo a algo que hagas regularmente para que sea lo más efectivo. Si vas en transporte público al trabajo, las buenas noticias es que puedes adquirir los hábitos de establecimiento de intenciones, visualización y afirmaciones positivas en tu ruta, y comenzar el día de la forma correcta - aunque debes saber que deberás vincularlo a algo más los días que no vas al trabajo. Si no tienes una rutina, como Jenna (de hecho conseguir una mejor rutina era uno de sus objetivos) o trabajas desde la casa, considera que esto no toma mucho tiempo, y que hay muchas cosas con las que se pueden vincular los nuevos hábitos. Establece intenciones mientras te vistes. Visualiza por cinco minutos cuando te levantas de la cama. Lo que sea que sirva para ti, hazlo parte de tu plan.

Ahora donde tu plan de acción involucre un nuevo hábito (sea en ruta al éxito o comportamientos que apoyen las metas) escribe a su lado cuándo lo vas a lograr, vinculándolo a una parte existente en tu rutina donde fuera posible.

Comenzando

Ahora tu plan de acción se está viendo bastante bien, con metas específicas, razones de por qué quieres lograrlo y cómo vas a lograrlo. ¡Y has identificado comportamientos y hábitos que apoyan tu meta que puedes utilizar para mantenerte con motivación y en camino! Hasta ahora, todo bien. Pero en este momento, tu plan es nada más un pedazo de papel. ¡Es hora de poner la *acción* en el plan de acción!

Para mucha gente, es el comienzo que es el problema. Son propensos a dejar las cosas para después. Andy, por ejemplo, usualmente se dice a sí mismo, contemplando la habitual cerveza de las 7pm: *Comienzo mañana.*

Jenna, todavía acurrucada bajo el edredón al mediodía cuando su alarma estaba puesta a las 10 de la mañana, se está diciendo a sí misma: *Sólo otra media hora*. Ya lo ha hecho cuatro veces.

Y ese es el problema. No empezamos mañana. En lugar de ello, aplazamos otra vez la próxima fecha límite y otra vez la siguiente. Tal vez usted es una de esas personas que sólo empiezan nuevos regímenes los lunes, y cuando no lo logra el lunes, ¡Se da permiso de una semana entera de no comenzar!

No hace falta decir que aplazar significa que nunca va a suceder. Entonces, ¿por qué, cuando tenemos una meta que es importante para nosotros, la posponemos?

Como hemos discutido, aunque nuestra meta representa un fuerte deseo, también implica dejar ir lo que nos mantiene atascados, tolerar la incomodidad y tomar medidas para alcanzarla. Piense a cuando estaba leyendo las primeras páginas de este libro, subrayando estos principios y pasos que son requeridos para convertir sus metas en realidad. Supongo que no sonaba como un prospecto genial. Todos deseamos que hubiera una manera fácil, y que pudiéramos saltarnos la parte difícil. En realidad, queremos despertarnos en la mañana desesperados por levantarnos de la cama y no tener necesidad de una cerveza después del trabajo. Esto no va a suceder.

El problema con comenzar es que tenemos que empujarnos a nosotros mismos a hacer algo que no tiene ningún atractivo particular. Tenemos que estar motivados en el momento crítico cuando nos enfrentamos a una recompensa por hacer algo que decidimos dejar de hacer.

Le pregunté a Marcus por qué no había escrito nada por una semana. Él dijo: *Sigo dejándolo para después. Sé que debería hacerlo, pero no tengo ganas, supongo.*

Cuando le pregunté a Jenna por qué no había comenzado a acostarse más temprano esta semana, como lo había planeado (habiendo fallado un lunes, ella decidió no hacer ningún cambio por toda la semana), dijo algo similar: *Oh, tuve un día tan difícil el lunes- el tanque de agua se rompió y fue todo un drama encontrar a alguien que lo arreglara. Después de eso no me sentía lista para ir a la cama aún. Quería relajarme primero.*

Como puede notar tanto Marcus y Jenna están esperando para el momento en que *sientan las ganas* de hacerlo. Están esperando ser superados por la necesidad de hacer la misma cosa que usualmente no hacen porque no tienen ganas. Si el sentimiento no está, están posponiendo su meta todavía más.

Esta clase de pensamiento está basado en una suposición clave que tanto Andy como Jenna están comprando:

Que 'sentir las ganas' es necesario para instigar un comportamiento.

No me malinterpreten: *Sentir las ganas* con certeza ayuda enormemente. ¡Pero no hagas que tus metas dependan de que te sientas así! El cambio requiere dejar ir lo que nos mantiene atascados, tolerar la incomodidad y tomar medidas. No es probable que siempre estés de humor para esa mezcla tentadora. Así que no esperes'sentirte así'.

Reconoce que cuando te despiertes por la mañana, es posible que no tengas ganas de levantarte de la cama. Puede que no tengas ganas de ir al gimnasio. Es posible que no tenga ganas de hacer afirmaciones de camino al trabajo.

Pero afortunadamente, vas a desacoplar la necesidad de sentirlo de hacerlo. Vas a tener una nueva creencia a partir de este momento: **Sentirlo no tiene nada que ver con hacerlo.**

Y no lo olvides, tienes mucha evidencia en tu vida de que sentirlo no es esencial para la acción. ¡Ayuda! Pero no es necesario.

Hay un millón de cosas que hacemos todo el tiempo sin sentir las ganas – pagar los impuestos, atender un bebé en el medio de la noche, ¡hasta ir al trabajo! Lo hacemos de todas maneras porque sabemos que está en nuestros intereses (o los intereses de alguien importante para nosotros). Lo mismo será para los nuevos comportamientos que nos mueven hacia nuestras metas. Estos están en nuestros intereses y afortunadamente tenemos muy claro por qué los estamos haciendo para esos momentos de duda.

Esto se ajusta al principio de la incomodidad. La realidad es que vamos a sentirnos incómodos. Desafiarnos a nosotros mismos a salir de nuestra zona de confort es por definición incómodo. Pero también es así como expandimos nuestra zona de confort. Paradójicamente, al incomodarnos a corto plazo, tenemos mucha más comodidad a largo plazo. Cuando logres algo incómodo deberías felicitarte. Al hacer eso, estás realmente haciendo algo más grande que acercarte a tu meta: estás desarrollando tolerancia para hacer cosas que te incomoden. ¿Imaginas todos los cambios que puedes lograr cuando sientas comodidad con sentir incomodidad?

Entonces ¿Cómo puedo llevarme a hacerlo incluso cuando no me siento con ganas?

Te daré dos consejos:

- **En tu plan de acción, escríbete un mensaje para el futuro,** para cuando estés leyendo esto, y pensando *comienzo la otra semana*. Este mensaje puede ser algo simple: Una cita de algo que escuchaste, o una respuesta honesta y genuina a la pregunta de por qué haces lo que haces – pero más importante por qué estoy haciendo esto AHORA. El mensaje de Andy para simismo era: *No más excusas, ¡El tiempo es ahora!* Jenna encontró una cita del internet: *El secreto para salir adelante es comenzar*.
- **Inviértase en seguir adelante con ello.** En su plan de acción va a encontrar una fecha de inicio. A medida que esta fecha se acerque, trabaje en sus comportamientos que apoyan su meta.

Fije su intención en comenzar en esta fecha. Dígale a la gente incluso. Visualice y emociónese por los cambios que va a hacer. Básicamente ¡Mentalízate! Incluso con tareas que no nos gusten mucho, cuando estamos mentalizados, nos sentimos decepcionados cuando no ocurren. Cuando estamos mentalizados en algo, posponerlo es más decepcionante que satisfactorio. ¡Ayúdate al comenzar ese proceso de una vez!

Transformando la identidad personal para ayudar al cambio

A menudo no cambiamos porque hacerlo nos pondría en desacuerdo con nuestro sentido de nosotros mismos. **Pregúntate: ¿Quién sería yo si logro esta meta?** Para algunos, esto es exactamente quienes quieren ser y todo está bien, pero para otros, podemos sentirnos un poco perdidos sin nuestro esfuerzo incesante. De hecho, si sentir mucho esfuerzo es parte de quienes éramos, cuando hayamos logrado aquello por lo que nos esforzamos,

¡nos sentimos perdidos!

El problema de la identidad personal viene a la vida particularmente alrededor de la idea de la pereza. Mucha gente se identifica a si mismos como perezosos. Ser perezoso básicamente significa no estar preparado para hacer lo requerido para llevar una meta a la realidad. Sin embargo, poca gente es realmente perezosa. La pereza no es un hecho fijo como tener los ojos cafés o azules. La pereza es un rasgo del contexto en el que nos encontramos. Podemos ser muy perezosos en ciertas áreas de la vida – como hacer ejercicio – pero ser muy productivo en otras, como la organización. A menudo, donde nos esforzamos vincula lo que nos motiva y lo que vemos importante. De tal forma, poca gente puede realmente ser catalogados como perezosos completamente.

Sin embargo, puede ser el caso que algunas personas amarran la palabra pereza con ellos mismos y encuentran que es una etiqueta bastante útil. En muchas ocasiones he trabajado con personas que me dicen alzando los hombros lo perezosos que son, sonriendo todo el tiempo como si fuera algo por lo que están más bien contentos. Y ellos pueden bien estarlo, porque al decir que *eres* perezoso te das permiso de *actuar* de forma perezosa.

Por otro lado, hay momentos en los que nos sentimos profundamente sin energía para hacer cualquier esfuerzo. Tal vez la apatía es un término más apropiado que la pereza, y esto puede ser signo de depresión. Si sentirse así es el caso, podrías sufrir de un caso largo y generalizado de apatía, y consultar a un terapista podría ser una buena idea.

Pero para aquellos para los que esto representa un pensamiento negativo más que un síntoma de algo más serio, entonces el primer paso – que aplica a cualquier pensamiento que tengas sobre ti – es para detenerte y mirar la realidad. ¿Eres realmente perezoso/sin voluntad/lo que sea que creas de ti mismo lo que contribuye a tu identidad personal, útil para ti? Pregúntate, ¿Tienes pereza todo el tiempo? ¿Todos los días, de todas las formas? Lo más seguro es que vas a descubrir que hay momentos en que sí y momentos en que no. Formula una frase más realista de ti mismo: Por ejemplo, cuando reté a Marcus que lo hiciera, dijo: *Soy el tipo de persona que puede ser perezoso a veces y tengo problema comenzando a escribir, pero cuando comienzo puedo trabajar por mucho tiempo y apegarme a ello.*

Esto es sobre hacer cambios en nuestro auto-concepto. Es muy fácil hacer una lista de características o comportamientos y decir que nosotros *somos* estas cosas, en oposición a que hacemos o somos esas cosas *a veces*. Es importante tener matices en nuestro auto entendimiento, y notar las excepciones y cuando hacemos cosas que retan positivamente nuestra auto imagen negativa.

Esto es más fácil de lograr entre más tengamos experiencias que apoyen nuestra versión matizada de nosotros mismos. Entre más hagamos cosas fuera de nuestro guion usual, más auto imagen e historia nos podemos decir sobre nuestros cambios.

Vamos a comenzar a vernos como la clase de persona que es capaz de cambiar, que está comprometida a las metas y que puede lograr las cosas.

Has este ejercicio:

Piensa en alguna creencia que tengas de ti-mismo. Por ejemplo:

Soy perezoso

No tengo voluntad

Soy inútil en auto disciplina

Ahora pregúntate: ¿Cuándo fue esto el caso? Escribe cinco ejemplos de cuando demostraste exactamente lo opuesto.

Ahora crea una nueva frase de auto identidad. Cuando hagas esto, asegúrate de utilizar la voz activa. Es decir, que lo dices para ti mismo, en vez de algo que te sucede a ti. Puede que sea algo así como:

Soy la clase de persona que se compromete a las cosas que son importantes para mí y ¡nunca me rindo!

Toma tu frase de auto identidad y escríbela en tu plan de acción. Más que eso, nota como hablas de ti mismo a ti mismo y a los demás. Cámbialo conscientemente. Si quieres cambiar algo de ti mismo, deja de decirlo como si fuera verdad. Por ejemplo, si quieres tener más aventuras, deja de decirle a todos lo poco aventurero que eres. Puede que sea demasiado pronto (y no se sienta auténtico) redefinirte como super-aventurero, pero podrías por ejemplo decir: *Estoy abierto a nuevas experiencias!* Encontrar algo que sea cierto Y alineado con la persona que quieres ser.

Cuando la auto-ayuda se vuelve en un estorbo

A veces, podemos hacer algo que nos hace 'sentir' como si estuviéramos persiguiendo nuestras metas, pero es en realidad una forma de postergarlas. Puede que suene sorprendente, pero incluso en terapia o en auto-ayuda, puede ser que estemos 'reflexionando' para postergar 'hacer'.
Para algunas personas, especialmente para los que saltan a la acción rápidamente sin pensar las cosas mucho, es vital incorporar periodos de reflexión. Sin embargo, para otros, especialmente para aquellos que

tienden a atorarse en pensar, analizar, planear rumiar y son lentos para actuar, necesitan tener en mente que incluso cosas que están diseñadas para ayudar pueden ser otra manera de evitar la acción.

Tomen a Andy, por ejemplo. Él quiere tener pareja. Él sabe que las citas en línea son una buena manera de lograrlo pero aún no se ha puesto a escribir su perfil. Ha leído tres libros de auto-ayuda sobre disciplina y lograr las metas. Ahora está en sesiones de terapia. Decidió que escribirá su perfil hasta que haya perdido peso y haya trabajado sus problemas. Mientras que es valeroso y reconocible que Andy esté listo para ver sus problemas, yo me estaré preguntando si Andy está tomando la exploración de sus problemas como una manera de evitar actuar en ellos. Esto no significa que no vayas a terapia, simplemente significa que dentro de la terapia debe haber un foco en moverse a la acción y hacer de la terapia otra forma de postergarlo. Para que la terapia sea efectiva debe retar el proceso existente que hay alrededor de un problema. Entonces en este caso, Andy está en parte usando la terapia para mantener el problema con vida – y no tomar acción. La terapia necesita tanto apoyar como retar a Andy a reconocer su proceso de estar evitando y volverse más cómodo con tomar riesgos emocionales.

¿Cómo saber si esto te aplica? Mira tu patrón. Si este es tu primer esfuerzo hacia un cambio significativo, entonces probablemente no te aplica. Por otro lado, si estás usando un gran número de formas de ayuda, como foros en línea, terapia, coaching, libros de auto ayuda, muchísimos análisis con tus amigos, etc, pero aún no has tomado acción, entonces puede que sea algo que debas considerar.

Por supuesto, trabajar en tus problemas es algo bueno (después de todo, de eso se trata este libro) y a menudo descubrimos que nuestra resistencia al cambio está profundamente arraigada, en cuyo caso ir a psicoterapia o consejería es una buena idea. Si siente que le beneficiaría la psicoterapia, puede encontrarme en www.sallyhiltontherapyonline.com y ofrezco consultación inicial gratuita a los lectores de este libro (Si la disponibilidad lo permite).

En general tenemos que saber que hacemos cambios en nuestros pensamientos y sentimientos para hacer cambios en nuestro comportamiento. La idea es movernos de la reflexión a la acción y luego de vuelta a la reflexión, etc, en un sistema de retroalimentación. Al hacer esto estamos transformando nuestro pensamiento y luego ponemos a prueba en transformaciones en nuestras acciones y luego volvemos a pensar. Esencialmente es poner la teoría en práctica.

Mira de nuevo tu plan de acción. ¿Hay partes que no son realmente 'acción' y más sobre pensar, planear o explorar? Si es el caso, añade una acción a tu meta. Decir que una de tus 'rutas al éxito es *trabajar en terapia para explorar las razones detrás de mi resistencia a tomar riesgos emocionales*, ¡eso es admirable! La parte de la acción puede ser simplemente añadirle a la frase algo como *y luego haré tres cosas que me reten emocionalmente.* Puede que no sepas cómo se vea la parte de 'hacer', pero ¡asegúrate que esté!

Resolviendo el conflictointerno

Probablemente quieres dejar algo o comenzar algo, y pareciera que tus sentimientos no se alinean con tu meta (De otra forma lo estarías haciendo). Puede que, como Andy, quieras perder peso, o como Marcus, escribir una novela, pero solo una parte de ti quiere esto. La otra parte e ti quiere exactamente lo opuesto. La otra parte de Andy quiere comer pizza y tomar cerveza. Y esa otra parte de ti es muy poderosa. Cuando la gente quiere cambiar, lo que quieren a menudo es que la parte incómoda se calme y que no haya conflicto interno. Si estamos complemente decididos con la meta, por certeza lo vamos a conseguir.

Pero a menudo, no es tan simple. En escoger perseguir nuestras metas, nos perdemos de algunas cosas. Y si esas cosas son importantes para nosotros, tenemos la receta de un conflicto interno. Queremos dos cosas, y estas no son compatibles.

Cuando estás en un conflicto interno, una batalla está siendo llevada a cabo entre dos partes de ti. Si escuchas el diálogo, puedes darte cuenta que los discursos pueden ser categorizados como la figura del padre y la del niño. La parte del niño – la que dice *quiero, quiero, quiero.* Esta es la parte sobre la gratificación instantánea, no se preocupa por las consecuencias y es impulsiva. Puede incluso darse cuenta que cuando esta parte es la que le está dominando habla en voz de niño o que tiene el lenguaje corporal de un adolescente.

En contraste, la otra parte es a menudo muy paternal en su naturaleza. Llena de prohibiciones, de regaños, diciéndote lo que *deberías* hacer y posicionándose en superioridad moral. Cuando esta pelea está en plena acción, es como una discusión en tu cabeza:

Creo que comeré del pastel de la cocina.
Pero no tienes permiso ¡Estás a dieta!
Ah ¡al diablo la dieta! Haré dieta mañana.

No tienes fuerza de voluntad, esto es patético.

Ah, cállate. Deja de decirme qué hacer. Comeré pastel.

Como respondes a tu niño demandante está usualmente arraigado en tu propia infancia.

A veces, cuando fuimos demasiado complacidos, no aprendemos auto disciplina, y se vuelve natural responder al *quiero* con *debo tener*.

En contraste, si no fuimos lo suficientemente complacidos puede que nos encontramos dándonos a nosotros mismos lo que no recibimos: mimándote, para compensar los padres negadores. A veces decirle *al diablo* a la voz paternal dentro de nosotros es lo que realmente le quisimos decir a nuestros padres reales cuando éstos nos decían que no.

Pero llegar a la raíz de por qué somos así no necesariamente cambia las cosas. Lo que necesitamos hacer para cambiar es la conversación. La forma más útil de hacer esto es moverse de un conflicto interno de padre-adulto a un diálogo interno de adulto a adulto. La auto charla de adulto difiere en que es arraigada en lo racional, apreciaciones de aquí-y-ahora, puede ver varias facetas y tiende a no ser tan polarizada. La auto charla de adulto no es sobre negar la emoción, negar los deseos, pero más sobre reconocerlos y sentarse con ellos. Cuando estés acercándote a un refrigerador, la auto charla de adulto podría ir en líneas de:

Me encantaría un poco de pastel, pero he tomado la decisión de priorizar mi salud en este momento, entonces no tendré pastel hoy. Es importante que me de gusto también, así que me daré un buen baño y leeré una revista.

La auto charla de adulto no está llena de *deberías.* Los *deberías* son de un padre. Las charlas de adulto reconoce la necesidad o el deseo, pero también toma esto en balance con la apreciación de consecuencias a largo plazo.

Separado de tu plan de acción, haz una lista de los pensamientos permisivos que notes en tu diálogo interno. Al lado de éstos, escribe un pensamiento de adulto que acepta las necesidades pero se compromete a la felicidad a largo plazo. Ahora escribe *estos últimos* en tu plan de acción bajo 'pensamientos de apoyo' o algo similar.

¿Y si le tenemos miedo al éxito?

Una de las formas en las que no alcanzamos nuestras metas es que al mismo tiempo le tenemos miedo al éxito. Indistintamente de tus intenciones conscientes, a veces nuestro inconsciente tiene una agenda distinta. Si nota que tiene un patrón de hacer buen progreso hacia sus metas pero se auto-sabotea, puede que signifique que tiene miedo al éxito, lo que realmente significa que tiene miedo a las *consecuencias* del éxito.

www.ingramcontent.com/pod-product-compliance
Lightning Source LLC
Chambersburg PA
CBHW070032040426
42333CB00040B/1577